合唱で歌いたい！J-POPコーラスピース

混声3部合唱

銀河鉄道999

作詞：奈良橋陽子、山川啓介　　作曲：タケカワユキヒデ　　合唱編曲：奥田悌三

●●● 曲目解説 ●●●

ジャパニーズ・ロック・バンド、ゴダイゴが1979年にリリースしたこの楽曲。劇場版「銀河鉄道999」主題歌のために書き下ろされました。その親しみやすいメロディーと明るく華やかなサウンドは多くの人に支持されており、様々なアーティストにカヴァーされ、テレビCM等でも幾度となく取り上げられています。今回の合唱楽譜は、やや高めの難易度に設定されていますが、前に進む勇気を与えてくれるビート感あふれるナンバーに仕上がっています。ワクワクするような銀河鉄道の旅へ、聴衆をいざないましょう！

【この楽譜は、旧商品『銀河鉄道999（混声3部合唱）』（品番：EME-C3013）とアレンジ内容に変更はありません。】

銀河鉄道999

作詞：奈良橋陽子、山川啓介　作曲：タケカワユキヒデ　合唱編曲：奥田悌三